# 批判性思考
# 其实
# 很简单

Think
Critically

[英] 汤姆·查特菲尔德（Tom Chatfield） 著

黄伟　王璐瑶　译

清华大学出版社

北京

北京市版权局著作权合同登记号　图字：01-2022-1334

**图书在版编目（CIP）数据**

批判性思考其实很简单 /（英）汤姆·查特菲尔德 (Tom Chatfield) 著；黄伟，王璐瑶译 . —北京：清华大学出版社，2023.5
书名原文：Think Critically
ISBN 978-7-302-61922-2

Ⅰ.①批…　Ⅱ.①汤…②黄…③王…　Ⅲ.①思维形式　Ⅳ.① B804

中国版本图书馆 CIP 数据核字 (2022) 第 178349 号

责任编辑：左玉冰
封面设计：徐　超
版式设计：方加青
责任校对：王荣静
责任印制：沈　露

出版发行：清华大学出版社
　　　　　网　　　址：http://www.tup.com.cn，http://www.wqbook.com
　　　　　地　　　址：北京清华大学学研大厦 A 座　邮　　编：100084
　　　　　社 总 机：010-83470000　　　　邮　　购：010-62786544
　　　　　投稿与读者服务：010-62776969，c-service@tup.tsinghua.edu.cn
　　　　　质 量 反 馈：010-62772015，zhiliang@tup.tsinghua.edu.cn
印 装 者：小森印刷霸州有限公司
经　　销：全国新华书店
开　　本：130mm×185mm　　印　张：4　　字　数：57 千字
版　　次：2023 年 5 月第 1 版　　印　次：2023 年 5 月第 1 次印刷
定　　价：49.00 元

产品编号：094126-01

# 目录

# 你想了解的都在
# 这本书里

**第一节　批判性思考究竟有什么特别之处**

批判性思考的重点在于避免不加批判的思考。不要以为你一开始听到的事情就是事实！首先，你需要暂时停下，然后尝试去搞明白到底发生了什么。

**第二节　我如何才能腾出时间来思考这些问题**

你应该审视自己的习惯：你是如何分配时间和注意力的呢？有效地参与重要的事情又意味着什么呢？

### 第三节　人们谈论的推理指的是什么

他们谈论的是我们如何调查事情背后的原因，并询问事情发生的原因和方式，而不是提供未经证实的观点。

### 第四节　好的立论是什么样的

当涉及批判性思考时，提出一个好的论点意味着使用严格缜密的推理来支持一个特定的结论。

### 第五节　好的解释有什么作用

好的解释有说服力地回答了这个问题：我们感兴趣的事物是如何演变成现在的样子的？

### 第六节　糟糕的立论和解释又是什么样的

从根本上看，糟糕的推理往往依赖于失之偏颇的假定，或者在观点之间建立了错误的联系。

第七节　难道不是每个人都有偏见吗

是的，但这并不意味着我们都怀揣着同样的偏见，或对同样的事情存在偏见。我们可以针对自己的偏见采取很多行动。

第八节　我怎样才能发现偏见和错误信息

重点在于比较不同的信息来源和观点，从而判断谁是你可以信任的人，以及考察每一个说法背后的故事。

第九节　如何处理信息过载

使用得当，技术便是你的朋友——专注于知识和理解，而不是为了技术本身而收集信息。

第十节　下一步我该做什么

诚实地审视自己的习惯、想法和希望，并随之制订一个提升计划。

# 批判性思考究竟有什么特别之处

10秒概要

批判性思考的重点并不在于批评他人，或者让自己显得更聪明，而在于如何面对现实世界；对你的想法进行有意义的测试，而不是让别人替你思考。

60秒概要

**不加批判的思考可能是危险的！**

不加批判地接受别人告诉你的一切并不理智。试想一下，如果你自然而然地相信每个政治家、广告商或者知名人士告诉你的每件事，会产生怎样的后果。

批判性思考与这种不假思索地接受恰恰相反。它要求我们暂时停下来，三思而后行，并试着去搞明白究竟发生了什么。

人们很难做到每件事情都停下来并三思而后行。但当遇到棘手的或是重要的事情时，知道如何评估别人告诉你的内容和掌握有用的信息是极为关键的。

这本书将帮助你培养批判性思考的能力和习惯。

## 你对自己的思维有多自信

一位同学告诉我们

"我很早就明白必须批判性地思考，确立论点并且评估证据，但是没有人告诉我要怎样开始。实际上，这就是一种常识，你只需要慢慢来并且开始思考，这是一个循序渐进的过程。"

**立论**：以**前提**或**相关前提**的形式进行**推理**，试图说服某人接受**结论**的真实性。因此，立论就是试图通过推理说服他人。

**前提**：在论证中，前提是支持**结论**的主张。一个立论成功的前提在于它必须形成令人信服的推理过程。一个立论可以只有一个前提或有多个前提。不过关键是这些前提结合起来需要证明结论是正确的。

在以下 10 项中，分别给你的自信程度打分，最低为 1 分，最高为 10 分。

1. 我知道他人谈论的批判性思考是指什么。.........../10

2. 我能腾出时间来思考重要的事情。...................../10

3. 我能为自己的观点提供充分的依据。.................../10

4. 我能理解别人的推理。...................................../10

5. 我知道怎样才是解释清楚某件事。...................../10

6. 我能指出好的推理和糟糕的推理之间的区别。./10

7. 我理解偏见和客观性的含义。........................./10

8. 我擅于发现带有偏见的或是不准确的说法。...../10

9. 我善长网络调研并将技术应用到我的工作中。.../10

10. 我知道自己需要优先学习和提高的重点

   是什么。....................................................../10

**总分** ................................................................/100


你大概已经注意到了，这些问题对应了本书的十个章节，并且总分是 100 分。如果你的得分高于 80 分，太棒了！如果你的得分低于 40 分，没关系，你还有很大的提升空间。

根据每项的得分你可以划分自己的优先事项。多安排一些时间在你得分等于或低于 5 分的那个章节，学完那一节后，再想想你会如何重新评估自己的得分。

在本书的最后你会再次完成这项自评，到时候再来看看你的总分有没有提升，并且为你之后的学习提供优先等级吧。

这类反思本身就是批判性思考最重要的方面之一。你在思考"思考"这件事情本身，这项技能被称为**元认知**。重点不在于过度自我批判，而在于坦诚看待自己的优势和劣势，然后制定应对策略（并不断学习）。

> 独立思考的本质不在于思考什么，而在于如何思考！
> ——克里斯托弗·希钦斯

**发现你的长处**

截至目前，你已经思考过你想要改善的领域，是时候寻找一些积极的方面了，比如你的优势和天赋。积极的方面可以是任何事情，它们只需反映你对自己思维的感受，并且帮助你发现那些能推动你学习和进步的能力。

1. 作为一名思考者，我擅长

2. 我的天赋在于

3. 我还喜欢

# 我如何才能腾出时间来思考这些问题

10 秒概要

一些简单的技巧能帮你控制时间并排除干扰，它们能让一切变得有所不同。关键在于你要对重要的事情保持全神贯注。

**注意力是宝贵的，请聪明地使用它。**

关注任何事情都需要花费时间和精力。如果你很累，匆匆忙忙或是心烦意乱，就很难仔细思考。

考虑到世界上有很多分散我们精力的事情，制定一个合理利用时间的策略是至关重要的。这意味着你需要决定你的优先事项，然后找到一种专注于这些事项的方法。

尝试每天退出社交媒体后腾出几个小时，不去同时处理多项任务，而是将你的全部注意力集中在最重要的任务或问题上。不要让你的收件箱变成别人为你写的待办事项清单。

## 养成良好的思维习惯

**当你想要把一件事情做好时，意志力没有习惯重要。**偶尔分心没有关系，只要你能找到一些高质量的时间来完成重要的任务。只要你有明确的**优先事项**，不把每件事都做完也没关系。这意味着要区分以下几种情况：

- **紧急**的事情：你需要尽快完成的事情。

- **重要**的事情：随着时间的推移，你需要持续完成的事情。

- **既紧急又重要**的事情：你现在就应该着手处理！

- **既不紧急也不重要**的事情：可以等到它们变得紧急或重要时，或者等你有了足够的空闲时间再去处理。

## 做时间的主人

这里有一份掌控时间的策略清单。首先，**你的周围环境很重要。**

1. **创造一个安静、整洁的工作空间。**把不必要的物品挪出你的视线，选择对你有效的方式，借助图书馆或学习空间集中注意力。

确保你的**习惯**能够帮助你克服分心，但不要认为你可以全天集中注意力。把目标定为短时间内集中注意力，你甚至只需要半个小时就能完成一件大事。

2. 尝试"**批量处理**"类似的任务。例如，早上用一个小时发送电子邮件，下午再用一个小时。不要总是一心多用。

3. **退出社交媒体**，关闭后台任务。将通知设置为"下拉时出现"，这意味着你准备好处理通知时可以批

量处理它们，而不是让持续的信息"推送"打断你。

4. **尝试关闭手机**或将其设置为勿扰模式，这能为你提供半小时深度集中注意力的时间。如果你知道自己不会被他人联系，你可能会感觉很不一样。

此外，考虑一下你的**日常节奏也很有用，**以及你工作状态最佳和最差的时间都是一天中的什么时间。

5. 试着找出你一天当中**最清醒、最高效**的时间，并将其用于处理最重要的任务。

6. 坦然面对自己最有可能感到**疲劳和精疲力竭**的时间，让自己休息一下，或者做些轻松的事情。

7. **恢复精力**和工作同样重要，所以一定要在任务之间划分边界。记住，令人愉快的活动（一件热衷的事或一个爱好）可以作为休息让你恢复活力。

最后，要确保你能挖掘**他人的想法，**尝试**新事物，**而不是**陷入一种停滞不前的状态。**

8. 建立一个**学习小组**，或者找到一种方式和同龄人谈论你在做的事情，这样你们就可以定期一起推敲想法并战胜挑战。

9. 如果你陷入困境、感到沮丧或烦恼，你需要**做出改变**。起床，去散步，和他人交谈，吃东西。打破这种状态，把自己置身于一个新的环境中。

10. **尝试**。尝试不同的事情，找出能帮你集中精力和给你充电的事物，追随任何能够让你思考、让你兴奋，促使你想要去探索更多的事物。

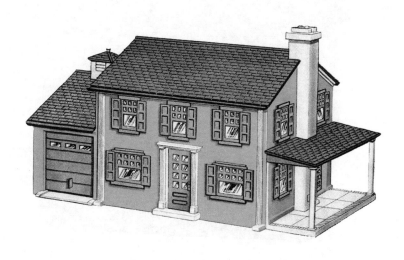

**选择你的策略**

上面的清单中哪三项对你来说最有帮助？

1. ......................................................................

2. ......................................................................

3. ......................................................................

现在，问问自己为什么选择这三项，你打算什么时候开始执行它们。

制订一个计划。明天开始执行第一项，后天开始执行第二项，大后天开始执行第三项。

一位同学
告诉我们

"别人告诉你应该做什么是一回事，但实际做起来却是另一回事。你必须审视自己的生活，对自己坦诚，然后弄清楚改变对你到底意味着什么。"

做事所耗费的时间总是比预期长，即使你在预期中考虑了侯世达定律。

——侯世达

# 人们谈论的推理
# 指的是什么

10 秒概要

推理意味着找出事情背后的原因，这反过来可以帮助我们进行建设性的辩论，理清我们自己的思路，改变我们的想法。

**理性是强大的**。

如果有人不给出任何理由就断言某件事情是真实的，那么你除了接受或拒绝之外，没有太多的选择去回应他们所说的话。

但是如果你能说服他们，让其提供一些理由来支持他们的主张，那就不一样了。现在，你或许知道他们为什么认为他们的观点是正确的。这意味着你可以研究他们的推理是否有说服力，并将其与你自己的推理进行比较。

只要每个人都准备好把他们的理由讲清楚，你们就有可能从中学到一些东西，并想出一个比你一个人能想到的更合理的观点。

# 一切始于宽容

一位同学告诉我们

"我已经意识到，很多时候人们产生分歧是因为他们甚至没有在谈论同一件事。关键问题是让人们停止大声嚷嚷自己的想法，真正开始倾听对方。"

**宽容原则**是反直觉的，它是指当你在考虑你不同意的想法时也应该尽可能地慷慨，并且应该尝试与他人的推理进行最有力的交流。

为什么这样做？这不仅仅是出于礼貌。

- 它有助于确保你自己的观点通过最严格的检验。

- 它为你提供了向那些你不赞同的人学习的最佳机会。

> 宽容原则：这条原则是指，你应该尝试接受他人观点和立论最强有力的那一面，而不是假设他们是错误的或被误导的。这有助于你尽可能多地向他人学习，或许能说服他们，而不是以故意荒谬地曲解他人观点的形式建立一个**稻草人**（straw man）。

- 你有可能会出错或对某事缺乏了解，它最大限度地提高了你在这种情况下改变主意或改进推理的机会。

- 它能帮助你说服那些你不同意的人，而不是急着拒绝。

- 它允许你和其他采用相同方法的人合作，并逐渐提高你们的集体理解力。

## 不要做稻草人

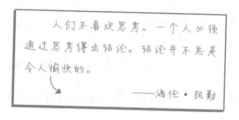

人们不喜欢思考。一个人必须通过思考得出结论。结论并不总是令人愉快的。

——海伦·凯勒

你可能听过人们在政治场合或其他场合使用**稻草人**这个说法，用来形容有人为了击败对手而讽刺对手观点的场合。

例如，在一场关于犯罪的辩论中，有人可能会说："我的对手显然认为窃贼的罪行应该得到奖励！"他们试图通过这样的说法让对手显得很荒谬并丧失人心。这被称为"建立一个稻草人"，因为它涉及对别人的观点提出一个荒谬的、简化的版本，这样你就可以完全摧毁它，就像你把一个稻草人扔到篝火上一样。

焚烧稻草人可能在政治活动（和社交媒体）中有效，但它用勾心斗角代替了理性辩论。在这种情况下，没有人能全然说服对手改变主意，也没有人会从侮辱性歪曲他人观点的过程中学到很多东西。事实上，这很可能让人们完全将理性的辩论抛诸脑后，而只剩下互相谩骂。

相反，如果你一开始就假设他人是理性的，他们的观点值得认真对待，那么你就还存有建设性分歧和进行辩论的希望。如果最终你发现非常不同意他们的观点，你就更有可能提出令人信服的批评和替代方案。

科学知识就是这样进步的（至少在理论上）：新的证据或洞见逐渐引导人们三思他们从前的观点。

**将宽容付诸行动**

　　试试看在实践中应用宽容原则。写下一个你不同意的观点。

........................................................................................

　　现在看看你能否提出两个强有力的理由让其他人同意你的观点。

1. .....................................................................................

........................................................................................

........................................................................................

2. .....................................................................................

........................................................................................

........................................................................................

最后，针对这两个理由写出你最强烈的反对意见。

1. ..............................................................................................

..............................................................................................

2. ..............................................................................................

..............................................................................................

..............................................................................................

# 恭喜你!

你开始掌握如何**推理**了。

到目前为止，什么事情让你感到**惊讶**或让你开始**思考**?

**为什么**会如此?

# 好的立论是
# 什么样的

10 秒概要

一个好的立论不是毫无根据地宣称某件事是正确的，而是令人信服地讲清楚为什么应该接受某一项主张，即回答了"为什么我应该相信？"这一问题。

**以理服人**

在日常用语中，"立论"（argument）指的是分歧（可能包括大声嚷嚷）。但当涉及批判性思考时，立论比这更具建设性，指的是尝试**通过推理说服他人**。

就批判性思考而言，每个立论都有两个部分：它的**结论**，就是你被要求相信的断言；它的**前提**，是一系列的断言，这些断言共同构成了一条支持结论的推理思路。

评估和比较不同立论的优势，以及它们的弱点和局限性，是一项基本的思维技能。

# 逻辑与可能性

一位同学告诉我们

"我讨厌与人争论，所以我着实不明白研究立论的意义，直到我意识到这关乎解释你想法背后的思维，我才开始明白。"

有两种方法可以让你用推理来支撑结论：通过分析你信以为真的事情的**逻辑**结果；通过计算趋势或模式的**可能**后果。这听起来可能很复杂，但我们一直都在做这两件事：

**结论：** 即立论的终点，无论是谁提出论点都是希望说服你。立论只能有一个最终结论。当评估一个立论时，通常最好先确定最后的结论，然后再从其开始评估。

- 如果我们相信一个断言是正确的，我们会找出逻辑上也必须正确的东西（例如，如果所有的小狗都需要训练，那么我买的任何小狗都需要训练）。

- 当我们发现一种模式或趋势时，我们用它来计算出还有什么可能是真的（例如，一位朋友在每次见面时都会和我握手，那么下次他很可能还会这样做）。

这两种类型的推理的专业术语就是**演绎**和**归纳**。

## 何为演绎法

在**演绎论证**中，你设定自己的前提，然后**推导**出如果你的前提为真，其他逻辑上必须为真的东西。下面这句话你从逻辑上能得出什么结论？

> "我喜欢所有的爵士钢琴音乐，奥斯卡·彼得森是一位爵士钢琴家。所以……"

答案是"我肯定会喜欢奥斯卡·彼得森的音乐"。下面是一个**标准形式**的立论——以清晰的、循序

演绎推理：纯粹基于前提的内容，从逻辑上推断出结论的推理。如果前提为真，且推理本身在逻辑上是**有效**的，那么结论也必然为真，从而产生一个**合理**的论证。演绎推理的一个问题是，人们可能会用它来暗示一种比事实所支持的更大的确定性。

渐进的方式来展示立论中的关键点：

前提 1：我喜欢所有爵士钢琴音乐。

前提 2：奥斯卡·彼得森是一名爵士钢琴家。

**结论：我喜欢奥斯卡·彼得森的音乐。**

如果我的前提是真的，我的逻辑是正确的，那么我的结论就一定是真的。但是，如果我的逻辑是错误的，或者我的任何前提是错误的，那么你就不能相信我的结论：

前提 1：我喜欢所有的爵士钢琴音乐。

前提 2：奥斯卡·彼得森是一位爵士钢琴家。

**结论：我在度假时见过奥斯卡·彼得森一次。**

这就引入了一个新的、不相关的想法，没有逻辑地遵循我的断言。

## 何为归纳法

如果你不通过逻辑就已经发现了真理，那么你只能通过逻辑才能找到真理。

——G.K. 切斯特顿

**归纳论证**并不是要找出假如我们的前提是真的，那么什么在逻辑上必须是真的，而是根据观察和概括提出什么可能是真相的建议。试想一下我这样说：

"我曾经遇到过爵士钢琴家奥斯卡·彼得森,他很老了。我敢打赌所有的爵士钢琴家都很老了!"

我们可以用标准的形式写出来:

前提1:奥斯卡·彼得森很老了。

前提2:奥斯卡·彼得森是一位爵士钢琴家。

**结论:所有的爵士钢琴家可能都很老了。**

这有说服力吗?没有。见到一位老爵士钢琴家并不能让我了解所有的爵士钢琴家。如果我想变得更有说服力就需要收集更多的证据。

与演绎论证不同,你不能简单地通过前提来判断归纳论证。你需要对这个世界有所了解,无论你所说的是一个合理的概括,还是只有微弱的证据支撑。

**归纳推理:**根据证据和一般模式提出可能的结论的推理。好的归纳推理为我们接受某个结论的真实性提供了极为有力的理由,因为它提出了一种基于真实前提的极其合理的模式。但归纳法永远无法绝对肯定地证明一个结论是正确的。

- **好的演绎论证**正确地阐明了基于真实前提的符合逻辑的结论。

- **好的归纳论证**令人信服地阐明了基于模式和证据的可能的结论。

找到定义相对应的术语。

1. 归纳推理

2. 演绎推理

3. 结论

4. 前提

A. 试图说服你的立论的最后一个断言。

B. 基于模式和证据找出什么可能是正确的。

C. 从逻辑上找出如果你最初的断言是正确的，那么什么就必须是正确的。

D. 形成立论推理路径中的一个步骤的断言。

答案：1-B / 2-C / 3-A / 4-D

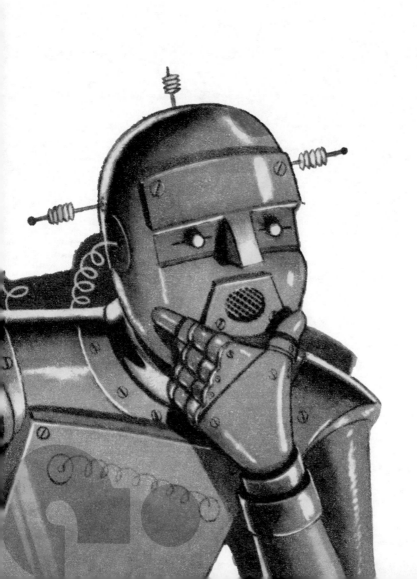

# 好的解释有
# 什么作用

10 秒概要

一个好的解释试图为某事如何
变成现在的样子提供最有可能
的理由，即回答了"这为什么
会发生？"这一问题。

**越简洁越好**

立论是从前提出发通过推理得出一个令人信服的结论，**而解释是先假设某件事的真实性**，然后推论如何最合理地解释这一点。

一个好的解释通常有两个作用。它设法解释你知道的事（而不是忽略其中不便于解释的部分），并且它通过尽可能少的步骤来实现这一点（而不是不必要的冗杂的步骤）。

因此，最好的解释往往是能解释所有相关证据的最简单的推理。这有时被称为**精简原则**。

# 为什么，为什么，为什么

我们说过，一个好的解释应该是：

1. 解释我们所知道的某件事的全部相关信息；

一位同学告诉我们

"当人们谈论研究和假设时，我常常大脑一片空白。现在我明白了，这一切归根结底都是为了解释问题，以及检验自己的最佳想法。"

2. 同时尽可能简明扼要地解释一切。

来看看下面这个例子：

你和一个室友住在一个小公寓里，没有客人和你们住在一起。你昨天刚买了牛奶，但现在冰箱里没有牛奶了！

你认为哪一个是最好的解释？

A. 冰箱里没有牛奶是因为你的室友用光了所有的牛奶。

B. 冰箱里没有牛奶是因为一个邻居偷偷进来把牛奶都喝光了。

C. 冰箱里有牛奶，你只是看错了。

解释：一个好的解释应该尽可能简单地解释所有相关证据（而不是忽略不便于解释的事实）。我们并不能保证简单的解释一定比复杂的好，只是说这更可能是真的。这就是所谓的**精简原则**。

A 选项是这些解释中最好的，因为它解释了一切，既没有像 B 选项一样引入不太会发生的新可能性，也没有像 C 选项一样令人难以置信地否认某些既定事实。

## 调查

同时要明白，你不能百分之百保证 A 选项是正确的。你的室友很可能用光了所有的牛奶，但是在确定这就是一个正确的解释前，你可能希望进行**调查**。你的室友可能是无辜的，你不想冤枉他。

有两个关键问题将帮助你调查任何解释：

1. 如果你的解释是正确的，你可以根据它做出什么**预测**呢（以及这些预测会成真吗）？

2. 深入的调查是否让你发现了任何无法解释的新证据，或者提出了另一个看似合理的替代解释？

你大概已经发现，问这些问题可能会把一些简单得像是"你为什么没有牛奶"的事情变成一个复杂的研究课题。这是因为研究在本质上是一个缜密地探索解释的过程，包括提出一种被称为**假设**的解释，这个假设可以用证据来检验。

假设：一种预测的或是提议的**解释**，可以通过**研究过程**来进行检验。最好的研究不是证实假设，而是寻找有可能推翻假设的证据，从而确保它必须通过有意义的检验。

我们一起来试想一下整个过程：

• 一开始的发现（我昨天买了牛奶，但冰箱里没有牛奶）。

• 建立基于这些事实的**假设**（我的室友用了）。

• 对这个假设进行有意义的检验（我要去问问他是否用过）。

- 如有必要，重复这个过程（他发誓说他几乎没用过牛奶，那么我们中的一个人是不是把牛奶错放在别的地方了）。

当你想知道什么才是一个好的解释，请记住：

- 你永远不能百分之百确定某个理论或解释是正确的，但是……

- 最简单的能解释一切的理论很可能是正确的，但是……

- 你需要确保你已经通过做出预测和寻找证据来检验它，并且……

- 如果事实发生变化，你应该随时准备改变主意。

　　回顾一下你读到的关于解释的内容，然后回答以下关于室友和丢失的牛奶的问题：

　　如果我做进一步调查，能支持"我的室友用光了所有牛奶"这　假设的证据是

_____

_____

_____

_____

> 如果世上真有什么真理，
> 那我们一定互为归宿。
> ——华莱士·斯泰格纳

58

而反驳这一假设的证据是

# 糟糕的立论和解释
# 又是什么样的

*10秒概要*

糟糕的立论和解释都源于可疑
的隐藏假设，或者错误地认为
某件事发生时另一件事就必然
发生，而事实并非如此。

**滥用推理**

推理的语言经常被误用。例如，人们普遍认为，必然互为因果的两件事实际上在现实中要复杂得多。

如果一个立论的结论不遵循其前提，或者它依赖于一个不合理的隐藏假设，我们称之为**谬误**。

大多数谬误都是因为我们非常容易在自己希望某事是真的时去欺骗自己和他人。

因为发言者的身份就说他们一定是错误的是另一种常见的谬误。这种做法太简单了，就像大多数情感操纵一样具有诱人的吸引力。

# 太简单了，不可能是真的

下面的立论思路有什么不对的地方？

我们面临着严酷的选择。一个是毁在这个无能的政府手中；另一个是起死回生的机会。这就是为什么我值得你们为我投票！

演讲者希望你同意他的结论（他值得你的投票），理由是投票给他是除了毁灭之外的唯一选择。这句话本身听起来好像挺有道理的。如果真的只有两种选择，并且其中一种的确会导致毁灭，那么确实应该投票给另一种。

假定：与一条尚未阐明的推理路线相关，但推理仍然依赖于此。当以**标准形式**写出一个立论时，重要的是要清楚地说明立论所依赖的全部假定。

标准形式：一种有用的、清晰的、一步一步地写出论证中关键观点的方式。每个**前提**都应该按顺序清楚地编号，最终的**结论**在最后。使用标准形式是评估推理思路的好方法。

然而，当我们停下来仔细考虑这一主张时，显然，它涉及一个不合理的隐藏假设：

　　　只有两种可能性，其中一种肯定会导致毁灭。

　　现实情况的确如此吗？几乎可以肯定地说不是。谈话者正在建立一种**错误的二分法**，这意味着他在假装一个复杂的情况可以简化为一个明确的二选一。

你发现其中隐藏的不合理假设了吗？

> 我从未听过首相谴责学校里的体罚行为。她赞成打孩子！

潜在的问题是这样的假设：

> 除非某件事被明确地证明是假的，否则我们必须假设它是真的。

这是一种有时被称为**"诉诸无知"**的谬论，因为它（错误地）暗示，对某事缺乏确定性就自动意味着它的反面是正确的。

**谬论**：一种明显的推理失败，在这一推理中，一条声称具有说服力的推理思路经过仔细检查被证明是错误的——通常是因为它依赖于一个**错误的隐藏假设**。常见的谬论包括**人身攻击论**，它攻击的是某个人而不是他们的想法，以及**不合逻辑的推论**，错误地认为一件事必须遵循另一件事的发生而发生。

要想测试推理思路有一个有用的方法，即在不同的语境中使用相同的推理形式。举一个可比较的例子：

> 我从未听过我母亲谴责外星人入侵地球。她希望让外太空的生物接管我们的星球！

## 注意事项

一位同学告诉我们

"一旦你养成了发现错误推理的习惯，你就会发现它无处不在。假装讲理的人全世界都是。他们常常真以为自己是正确的。"

最好的辩护是讲清楚其他人的潜在假设，而不要仅仅因为某件事听起来合理就认为它一定是真的。特别要注意：

- 有人根据说话人而不是内容本身来判断一个断言。

- 有人说复杂的情况可以简化为简单的选择。

- 诉诸传统、情绪或权威，即使这些毫不相关。

- 个人偏好或轶事被包装成一般的规则。

- 使用分散注意力的、令人困惑的或情绪化的语言来
  隐藏薄弱的分析。

你能解释以下这些例子中隐藏的不合理假设吗？

1. 我父亲这一辈子每天吸烟，活到九十岁。吸烟对你不会有坏处的！

2. 我的物理导师认为伦敦的房租会继续上涨，我不能搬到那里去！

> 当有人说他的结论是客观的，他的意思是这些结论都是基于许多人都有的偏见。
>
> ——希丽亚·格林

答案

1. 一个例很可能只说明对健康无害的影响（事实上并非如此，我们也考虑过其他类似情况下造成的影响）。

2. 物理导师有优秀或是权威吗，可能的见解。即使他可能有很多优秀的真正专家，也可能他对房租的影响与本专业无关的。

# 恭喜你!

你开始认真对待立论和解释。

你能想出一个错误的立论形式吗?

然后解释它有什么问题。

# 难道不是每个人都有偏见吗

10 秒概要

每个人都有自己的观点，没有所谓的绝对不带偏见的事情，这只会让我们尽可能更客观地工作。

**偏见是一种盲目**

说某人有偏见，指的是他们对某些事情的看法是片面的，他们应该有更开放的思想。

相反，如果你想要给出一个**客观的**描述，你需要综合考虑多方不同观点，广泛收集证据。

要想试着去客观地看待事物，就要尽可能搞清楚实际发生的事情。但这并不意味着要全盘接受所有同样有效的观点。

客观性指的是要仔细判断证据和想法，探寻哪一个最合理，而不是遵循自己的第一感觉。

**有意识的偏见**是指某人故意对某事持片面的观点。我们在广告和政治活动中经常看到这种情况：

你应该买我们的车，它是世界上最好的！

你不应该投票给她，她是有史以来最糟糕的政治家！

只要你意识到某人可能有偏见，例如，他们在卖东西，就相对容易应对有意识的偏见。这里有一个四步流程，用于处理人们持有的观点大相径庭的情况：

1. 确保你已经听取了所有相关的不同的意见（并且你理解每个观点）。

偏见：如果某人对待某事的态度是带有误导性的、片面的或基于成见的，则称其为偏见。有偏见的方法是一种忽视重要证据或观点的方法。**有意识**的偏见是故意的（如广告语），而**无意识的偏见**是我们没有注意到的（如对熟悉面孔的偏好）。这与采取更**客观的**方法形成对比。

客观性：客观性描述的目的旨在消除**偏见**，并尽可能描述事物的实际情况。不存在所谓的完全客观，这就是为什么想要尽可能

2. 确保你已经找到了与该情
   况相关的关键事实（并且
   你对这些基本事实的准确
   性感到满意）。

客观往往需要仔
细讨论资料来源
和研究方法。

3. 试着找出关键的分歧所在（以及各方的共识——
   如果存在的话）。

一位同学
告诉我们

"我曾经认为，每个人都有偏见，因
此你无法证明任何事。然后我意识到这
并不成立。这就像是说，每个人都有一
些钱，所以没有所谓的富有。"

4. 通过报告意见的主要分歧、关键事实以及一致和
   分歧点，提供尽可能客观的总结。

相比之下，**无意识偏见**描述的是这样一种情况：某人在没有意识到的情况下对某事持有扭曲的看法。无意识偏见有许多不同类型，但其最重要和最普遍的影响包括：

- 确认：人们更倾向为自己当前的想法寻找和关注能支撑它的信息，而不是能动摇它的信息。

- 可获得性：人们倾向于重视他们已经知道或容易想到的事情，而忽视他们所知甚少的领域。

- 框定：所有的判断都是相对的，这意味着人们往往会过度受到事物周遭环境的影响，即使环境是存在误导性的。

- 情感：人们往往混淆了"直觉"情绪反应和对事物好坏的有效判断，从而将复杂问题过分简单化。

为了更好地思考和进行研究，我们可以尝试通过以下方式避免这些陷阱：

- 测试想法而不是试着确认想法。

- 刻意去探索未知的领域。

- 针对问题和数据尝试多种不同的框定。

- 抛开最初的情绪反应。

> 几乎所有让我们感到慰藉的事物都是假的。
>
> ——艾丽丝·默多克

将以下每个例子与所描述的无意识偏见的一个影响相匹配（确认、可获得性、框定、情感）。

A. 每当我看到一个小孩拿着一部智能手机，我都会气到发抖，那些机器摧毁了我们人类。

B. 在过去的十年里，我每年至少去一次中国，我可以明确地说，了解中国是当今世界最重要的任务。

C. 我讨厌高档餐馆，我只要看看菜单的封面就知道我讨厌它。

D. 菜单上最贵的葡萄酒要一千多美元，因此这瓶一百美元的葡萄酒真的很便宜！

A 情感／B 可获得性／C 确认／D 框定

答案：

# 我怎样才能发现偏见和错误信息

10 秒概要

我们周围到处都是错误的信息和半真半假的信息。看穿它们需要我们放慢脚步，三思而后行，并知道如何自信地比较不同的信息来源。

**在错误的海洋中遨游**

错误信息是不准确的或虚假的信息，它可能会积极地想要欺骗你，也可能不会，但它一定会让你对正在发生的事情深感困惑。

网络虚假信息最终可能会影响看似可靠的人和消息来源，这使得调查说法的来源成为检验其准确性的最重要测试之一。

当你遇到一个惊人的、不寻常的或奇怪的说法时——停下来。然后试着回答三个问题：

它们想让我相信什么？

这一说法有什么证据支持？

这些证据最初来自哪里？

## 发现网络虚假信息六步法

一位同学告诉我们

"人们总是在谈论假新闻，但通常这些消息指的只是他们不喜欢的故事。这一点曾经让我深感绝望。然后我意识到，你可以追踪这些讯息，通过追踪它把这些点连接起来。你可以战胜谎言。"

　　对你遇到的任何奇怪的、不寻常的或令人惊讶的说法**持怀疑**态度是很重要的，或者对任何看起来太好而不真实的说法持怀疑态度。怀疑主义仅仅意味着在你相信某事之前需要进一步的证明，而不是自然而然地接受它。

我编写了以下指南，专门帮助你在网络上练习怀疑主义的思维。但是你也可以在你之后的生活和工作中使用它的一般原则。

一、到底是在宣称什么？

你需要做的第一件事就是弄清楚你被要求相信的到底是什么。试着用你自己的话写一个标题或说明。想象你正在向别人解释发生了什么事。

**错误信息**：不真实或存在误导性的信息。与故意欺骗你的**虚假信息**不同，错误信息并不一定是想欺骗你——它可能只是因为混淆、误差或无知而出错。处理错误信息需要暂停、评估证据、比较不同的信息来源以及探讨一个说法的源头。

二、这个说法是否是令人震惊的、极端的，或是过于好而不真实的？

说法越特殊，支持它的证据就越特殊。如果某件事情看起来好得不像真的，那么它很可能就是不真实的。当心骗点击的"标题党"。

三、是谁提出了这样的主张？

这种说法的来源是什么，你相信它们吗？看一些来自同来源的其他故事。它的声誉好吗？你曾经听说过吗？故事的来源存在偏见吗？

四、它们是它们宣称的那样吗？

你要找的这个说法的来源真像它宣称的那样吗？看看标题、网址、格式。与你真正信任的来源相比，是否存在错误或奇怪之处？在其他地方搜索来源的名称。出现了什么？

思考是感觉的一种形式，感觉也是一种思考形式。
——苏珊·桑塔格

## 五、支持这一说法的证据是什么？

来源链接到哪里？它的证据是基于命名的、可靠的外部来源，还是它的主张是模糊的、没有支持的（或只链接到一个"友好"网站的网页）？你正在看的日期和图片是否被权威证实了，或者它们是否已被篡改或被断章取义？

## 六、它在全局中处于什么位置？

即使是最可靠的新闻报道也值得一问。对任何故事进行批判性思考的最好办法是将其置于更宏大的背景中——看看在不同的地方有什么不同的说法。如果其他人都没有在写关于这件事的内容，那就是可疑的。通过比较、对比、调查，建立你自己的理解。

## 小测试　设计虚假信息

你对假消息了解多少？从主流网站上复制一个标题。

.................................................................................

.................................................................................

.................................................................................

现在试着将这一标题改写为带有你自己惊人偏见的"标题党"版本。

.................................................................................

.................................................................................

.................................................................................

# 如何处理信息过载

10 秒概要

只要准备好仔细审视自己的习惯和假设，你就可以学习如何处理信息过载并充分利用技术。

**注意你自己的默认设置**

我们每天都会使用许多技术手段，并且我们时常对我们所做的事情不加思考。信息不断被塞入我们的口袋，更新的资讯不断汹涌而过。

更好地利用技术涉及两种权衡。第一，你需要积极主动思考自己的技术习惯，以及如何充分利用你的时间；第二，你需要考虑不同的技术是如何支持你的行为的，以及你如何确保它们既满足你的需求，又满足其制造商的需求。

**以上可视为对你自己和你的科技设备默认设置的仔细调整！**

## 知识的力量

我们在第二节中介绍了如何确定优先级,并在一天中创造高质量的时间。但是,什么才是有效地思考信息本身?记住:

- **信息**与**知识**不是一回事。

- 信息描述了世界上所有的说法……

一位同学告诉我们

"我都不记得上次没带手机是什么时候了。看不到手机会让我感到焦虑。在网上我需要找到一种放慢脚步的方式。我需要按照自己的节奏处理事情,这就意味着要排除干扰。"

- 知识描述的是那些你有充分理由相信是真实的信息。

换句话说,获得信息并不代表你能确信自己已经知道发生了什么。想一想这个例子:

世界上最深的海洋是太平洋。到达其最低点超过了 15 英里。

这是知识，还是信息？要回答这个问题，你需要找出自己是否有充分的理由接受它——这个过程就是**验证**。

现在，请花点时间研究上述说法。

## 开始探索

做好了吗？假设你确实研究了说法，我想象你在搜索引擎中输入了类似于"太平洋、最深、海洋"之类的词语进行查询。然后，你将看到一页结果，并（可能）在靠前排列的几个结果中任意点击了一个，例如维基百科（Wikipedia）或地质网（Geology.com）。

维基百科和地质网都指出，世界上海洋最深的地方是马里亚纳海沟，它位于太平洋，已知测量到的最深点是 10 994 米。你可能也注意到了，10 994 米仅为 6.8 英里左右（再点击几次搜索引擎即可确认）。

验证：即确定某事是否真实的过程。这就是我们如何将**信息**（任何形式的说法）转化为**知识**（我们有充分理由相信这一说法是正确的）。验证包括研究，这一过程的透明度非常重要。

换句话说，我提供的信息有部分是不正确的。通过一个简单的验证，你现在有理由相信太平洋确实是世界上最深的海洋，并且深度近 11 000 米。

你能百分百确信这些信息吗？不能。为了尽可能有效和谨慎地传达知识，我们需要对验证它的过程以及验证过程的局限性保持**透明**。在进一步调查之后，我们可以说：

> 根据维基百科和地质网等资料来源，太平洋马里亚纳海沟是地球海洋中最深的部分，在一个被称为深海挑战者的记录中，它的深度为 10 994 米（正负 30 米），尽管一些一次性测量表明其深度可能略高于 11 000 米。

## 探索、发现并保持透明

你需要养成这样处理信息的习惯。这意味着要实践**探索、发现和保持透明**的过程，帮助你将信息转化为知识，将研究转化为对知识的理解。

1. 对关键术语和想法进行初步**探索**，使你能够准确地澄清所声称或调查的内容。

2. 接下来是**发现**的过程，你将发掘这些说法的更广泛背景、你感兴趣的信息的来源，以及围绕这些信息的讨论和质疑。

3. 利用你的发现过程，通过跟踪你发现的新关键字、声称、讨论、来源和想法，**解锁**进一步的探索。

4. **重复**这个过程，不断验证和深化你的知识。

5. 最后，提供一份**透明**的报告，说明你的信息来源，并证明你的理解。

**习惯与技术**

关于技术，你自己最好和最坏的日常技术习惯是什么？

.................................................................

我最好的技术习惯之一是：

.................................................................

我最糟糕的技术习惯之一是：

.................................................................

> 我不认为需要是发明之母，在我看来，发明直接源于懒惰……
>
> ——阿加莎·克里斯蒂

以上每种情况都发生了什么？你该如何改进？

# 恭喜你！

你正在努力克服偏见并掌握技术习惯。

你能想出一个你想克服的偏见吗？

................................................................

以及可能帮助你做到这一点的习惯吗？

................................................................

# 下一步我该做什么

10 秒概要

如果你用批判性思考反思自己的习惯、做法和想法，并努力保持灵活、开放和好学的态度，那么批判性思考可以成为一种强大的积极力量。

60 秒概要

### 这本书只是一个开始

最后一节包含只有你才能回答的问题。答案没有对错之分，只是关于探索和明晰下一步要做的事情。

你的优先事项是什么？哪些习惯和做法会帮助你追求它们？是什么阻碍了你？什么是可以改变的，什么是不能改变的？

我们将以结构化的方式解决上述问题和其他一些问题。记住：**没有最终答案**。你花越多时间在深入思考重要问题上，你就越有能力继续学习。

## 保持思考

一位同学告诉我们

"我不会花很多时间问自己问题。我总是在问他人，或者谷歌，但不是问我自己。我想要做的是，为我自己花点时间，弄清楚我脑子里在想什么。"

你应该在本书的开头就做过这个小测验了。在以下十项中，分别给你的自信程度打分，最低为 1 分，最高为 10 分。

1. 我知道他人谈论的批判性思考是指什么。……/10

2. 我能腾出时间来思考重要的事情。……/10

3. 我能为自己的观点提供充分的依据。……/10

4. 我能理解别人的推理。 .................................../10

5. 我知道怎样才是解释清楚某件事。 ................/10

6. 我能指出好的推理和糟糕的推理之间的区别。 ...../10

7. 我理解偏见和客观性的含义。 ........................./10

8. 我善于发现带有偏见的或是不准确的说法。 ...../10

9. 我擅长网络调研并将技术应用到我的工作中。 ...../10

10. 我知道自己需要优先学习和提高的重点是什么。 ...../10

**总分** .................................................../100

## 反思

自你第一次回答这些问题以来，你的分数有何变化？你现在的总分是多少？

即使你只提高了一点点，也是值得祝贺的。你能通读这本书并且做到坦诚和花时间思考就已经很好了。

根据上面的分数，你可能希望回顾本书并仔细阅读那些你的分数仍然低于 5 分的章节。同样，你觉得自己没有进步的方面也需要注意。

**往前看，制订计划**

现在，不论你做得如何，都是时候向前看并制订计划了。这里有一个结构化的方法可以帮助你将一些优先事项、目标和思考落实到位。以你觉得最坦诚、最有趣的方式完成以下句子：

读完这本书后，我最想深入了解的三件事是：

1. .................................................................................................

2. .................................................................................................

3. .................................................................................................

从长远来看，我想学习关于 ..............................................

.................................................................................................

.................................................................................................

帮助我不断进步的三个好习惯是:

1. ................................................................

2. ................................................................

3. ................................................................

我会尽量少花时间去 .................................................

作为一个思考者,我会这样描述自己: ...............................

........................................................................

如果我能给自己一条建议,会是 ....................................

........................................................................

........................................................................

> 当我写作时,我试图找出
> 我是谁,我们是谁,我们能做
> 什么。
>
> ——玛雅·安吉罗

# 最终检查表：
# 如何知道你已经完成
# 本书的学习

❏　我能区分批判性思考和非批判性思考

❏　我能抽出时间对重要的事情三思而后行

❏　我知道怎样才是说清楚我的推理，以及为什么这么做是有用的

❏　我能发现有人在用推理支持一个结论

❏　我知道应该做到什么才是一个好的解释

☐ 我可以评估他人的推理，并寻找错误的假设

☐ 我知道偏见和追求客观之间的区别

☐ 我有一个侦测错误信息的策略

☐ 我有一个应对信息过载的策略

☐ 我已经开始考虑下一步需要采取哪些措施来变得
更好

# 术语汇编

**立论（Argument）**：以**前提**或**相关前提**的形式进行**推理**，试图说服某人接受**结论**的真实性。因此，立论就是试图通过推理说服他人。

**断言（Assertion）**：与立论的结论相反，在没有任何理由支持的情况下被简单地宣称为真实的事情。断言通常被说出它的人当作是不言而喻且不需要任何理由的。

**假定（Assumption）**：与一条尚未阐明的推理路线相关，但推理仍然依赖于此。当以**标准形式**写出一个立论时，重要的是要清楚地说明立论所依赖的全部假定。

　　偏见（Bias）：如果某人对待某事的态度是带有误导性的、片面的或基于成见的，则称其为偏见。有偏见的方法是一种忽视重要证据或观点的方法。**有意识**的偏见是故意的（如广告语），**而无意识的偏见**是我们没有注意到的（如对熟悉面孔的偏好）。这与采取更**客观的**方法形成对比。

　　结论（Conclusion）：即立论的终点，无论是谁提出立论都是希望说服你。一个立论只能有一个最终结论。当评估一个立论时，通常最好先确定最后的结论，然后再从其开始评估。

演绎推理（Deductive reasoning）：纯粹基于前提的内容，从逻辑上推断出结论的推理。如果前提为真，且推理本身在逻辑上是**有效**的，那么结论也必然为真，从而产生一个**合理**的论证。演绎推理的一个问题是，人们可能会用它来暗示一种比事实所支持的更大的确定性。

解释（Explanation）：一个好的解释应该尽可能简单地解释所有相关证据（而不是忽略不便于解释的事实）。我们并不能保证简单的解释一定比复杂的好，只是说这更可能是真的。这就是所谓的**精简原则**。

谬论（Fallacy）：一种明显的推理失败，在这一推理中，一条声称具有说服力的推理思路经过仔细检查被证明是错误的——通常是因为它依赖于一个**错误的隐藏假设**。常见的谬论包括**人身攻击论**，它攻击的是某个人而不是他们的想法，以及**不合逻辑的推论**，错误地认为一件事必须遵循另一件事的发生而发生。

假设（Hypothesis）：一种预测的或是提议的**解释**，可以通过**研究过程**来进行检验。最好的研究不是证实假设，而是寻找有可能推翻假设的证据，从而确保它必须通过有意义的检验。

归纳推理（Inductive reasoning）：根据证据和一般模式提出**可能**的结论的推理。好的归纳推理为我们接受某个结论的真实性提供了极为有力的理由，因为它提出了一种基于真实前提的极其合理的模式。但归纳法永远无法绝对肯定地证明一个结论是正确的。

错误信息（Misinformation）：不真实或存在误导性的信息。与故意欺骗你的**虚假信息**不同，错误信息并不一定是想欺骗你——它可能只是因为混淆、误差或无知而出错。处理错误信息需要暂停、评估证据、比较不同的信息来源以及探讨一个断言的源头。

**客观性（Objectivity）：** 客观性描述的目的旨在消除**偏见**，并尽可能描述事物的实际情况。不存在所谓的完全客观，这就是为什么想要尽可能客观往往需要仔细讨论资料来源和研究方法。

**前提（Premise）：** 在论证中，前提是支持**结论**的主张。一个立论成功的前提在于它必须形成令人信服的推理过程。一个立论可以只有一个前提或有多个前提。不过关键是这些前提结合起来需要证明结论是正确的。

**宽容原则（Principle of Charity）：** 这条原则是指，你应该尝试接受他人观点和立论最强有力的那一面，而不是假设他们是错误的或被误导的。这有助于你尽可能多地向他人学习，或许能说服他们，而不是以故意荒谬地曲解他人观点的形式建立一个**稻草人**（straw man）。

**怀疑主义（Scepticism）：** 怀疑而不是立即接受某事的真实性。培养建设性的怀疑态度对于批判性思考至关重要，因为它要求你停下来，三思而后行，问问到底发生了什么。

标准形式（Standard form）：一种有用的、清晰的、一步一步地写出论证中关键观点的方式。每个**前提**都应该按顺序清楚地编号，最终的**结论**在最后。使用标准形式是评估推理的好方法。

验证（Verification）：即确定某事是否真实的过程。这就是我们如何将**信息**（任何形式的说法）转化为**知识**（我们有充分理由相信这一说法是正确的）。验证包括研究，这一过程的透明度非常重要。

# 更多资源

以下是一系列资源，为你提供进一步的帮助和支持，以便进行批判性思考。

## 图书

1. Nigel Warburton, *Thinking from A to Z* (3rd Edition: New York, 2007)（《从 A 到 Z 的思考》，奈杰尔·沃伯顿）.

提供了一个简短、尖锐的关于批判性思考中的关键词和观点的教程。

2. Walter Sinnott-Armstrong, *Think Again: How to Reason and Argue* (London, 2018). (《重新思考：如何推理和争论》，沃尔特·辛诺特 - 阿姆斯特朗）.

为今天推理的重要性提供了一个优雅的案例。

3. Dan Ariely, *Predictably Irrational* (London, 2009).
（《可预测的非理性》，丹·艾瑞里）.

现代人类非理性、偏见和行为冲动研究的基础指南。

4. Jaron Lanier, *You Are Not A Gadget* (London, 2010).
（《你不是个小器件》，杰尼·拉尼尔）

尽管它在技术领域已经存在了一段时间，但它对培养批判性思考能力仍然有巨大的帮助。

5. 如果你喜欢本书，我自己的 *Critical Thinking: Your Guide to Effective Argument, Successful Analysis & Independent Study* (London, 2018)（《批判性思维：有效论证、成功分析和独立研究指南》）. 极大地扩展了它的内容。

## 在线资源

1. *The Philosophy Bites* podcast 是世界上最丰富但最容易获取的音频资源之一，用他们自己的话来说就是："探索世界领先思想家的思想。"

2. *The Stanford Encyclopaedia of Philosophy* 是一个免费的、广泛的且有专业维护的关于思考的在线资源。

如果你想深入了解现代知识最重要的战场之一，养成点击"view history"的习惯，查看不同维基百科文章背后编辑过的历史——尤其是那些你知道的事情。一旦你掌握了窍门，看看你是否能找到方法通过自己的编辑来提高条目的质量。

你可以利用技术，通过对抗分心的应用程序 Freedom（可设置为有选择地禁用互联网连接）等工具，节省一些被打断的思考时间。

或者你可以直接关掉手机出去散散步。